knight
le chevalier

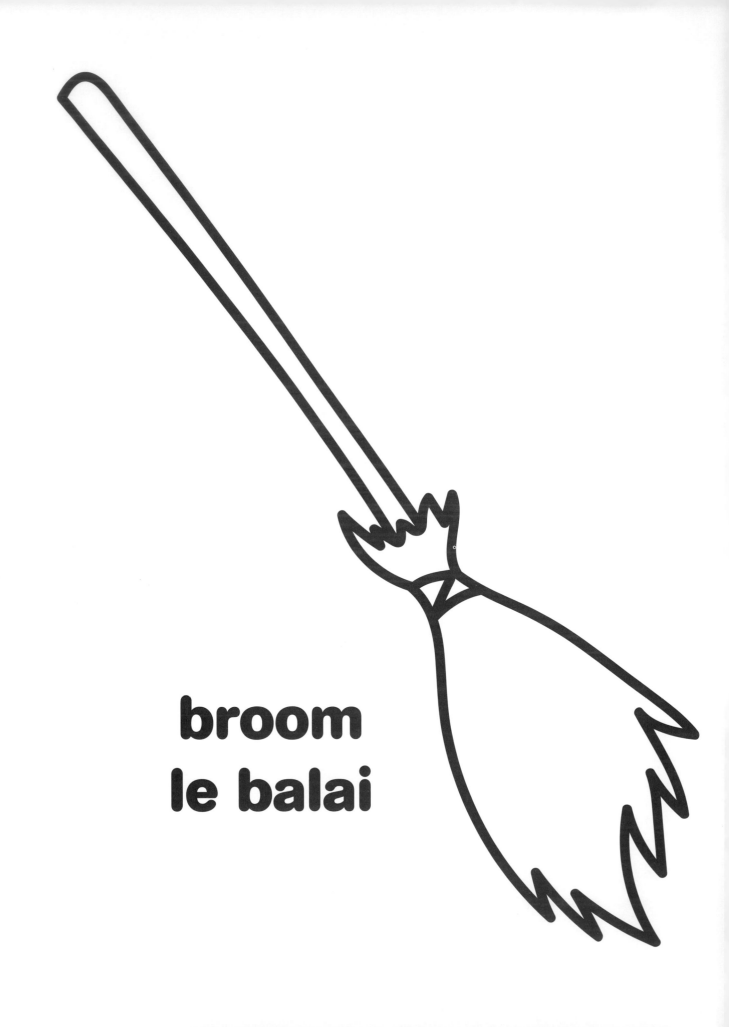

broom
le balai

shark
le requin

cat
le chat

mermaid
la sirène

bear

l'ours

castle
le château

turtle
la tortue

books

les livres

angel
l'ange

footprints
les traces de pas

girl
la fille

boy
le garçon

unicorn
la licorne

doll
la poupée

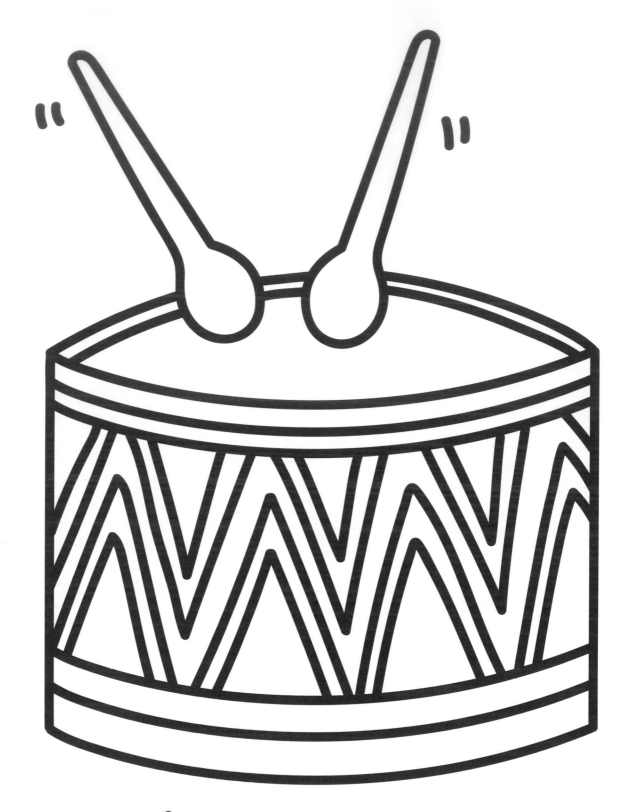

drum
le tambour

house
la maison

ice skates

les patins à glace

ice-skater
la patineuse

sweater
le pull-over

mailbox
la boîte à lettres

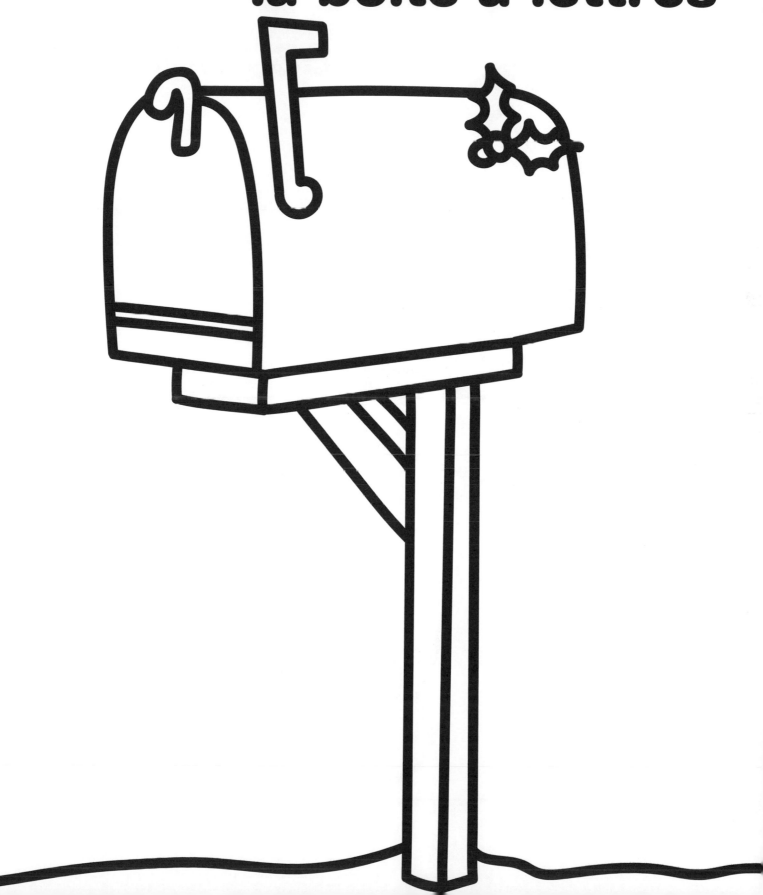

mittens
les moufles

nutcracker
Casse-noisette

paint
peindre

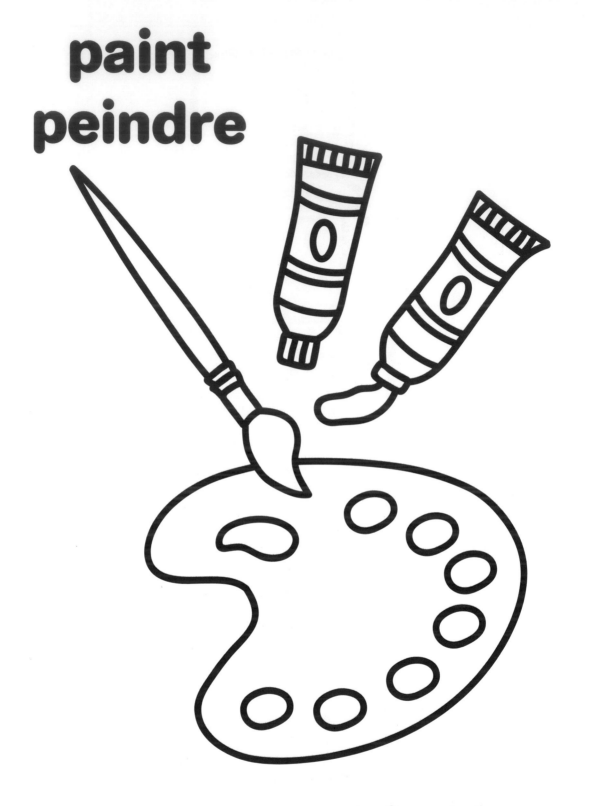

palette
la palette

popcorn

le popcorn

gifts

les cadeaux

robot
le robot

ski
skier

skis
les skis

snowboard
faire du snowboard

snowflake
le flocon de neige

snowflakes
les flocons de neige

spinning top
la toupie

blocks

les cubes

train
le train

fossil
le fossile

eggs
les œufs

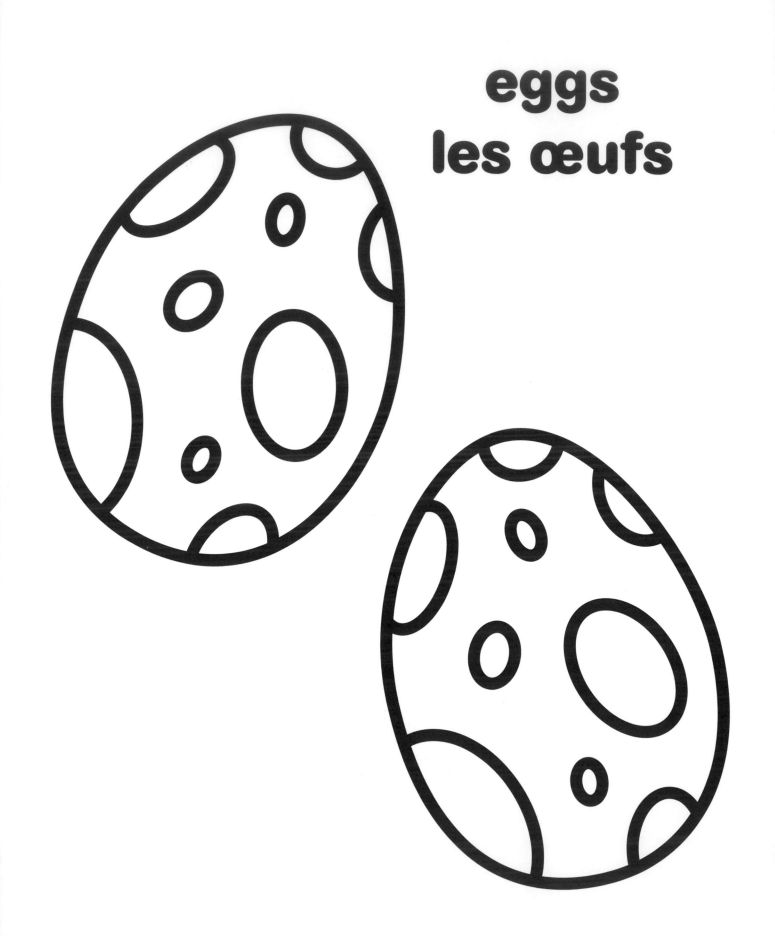

mushrooms
les champignons

palm tree
le palmier

volcano
le volcan

clock

l'horloge

cake
le gâteau

crowns
les couronnes

candy
le bonbon

cup
la tasse

cupcakes
les cupcakes

doughnut
le beignet

ice skate
le patin à glace

dress
la robe

ball gown

la robe de bal

gift
le cadeau

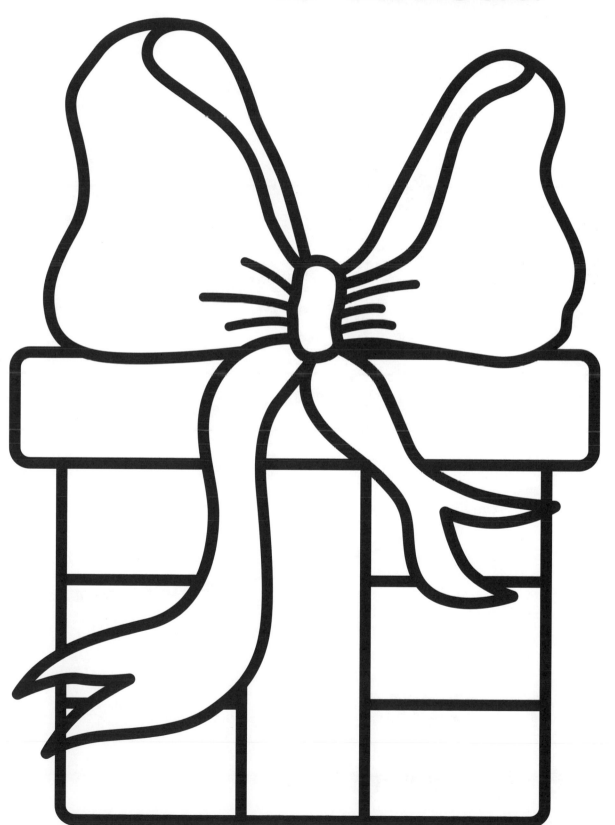

hat
le chapeau

hot dog
le hot dog

heart
le cœur

hearts
les cœurs

king
le roi

queen
la reine

knight
chevaleresse
chevalier

mirror
le miroir

necklace
le collier

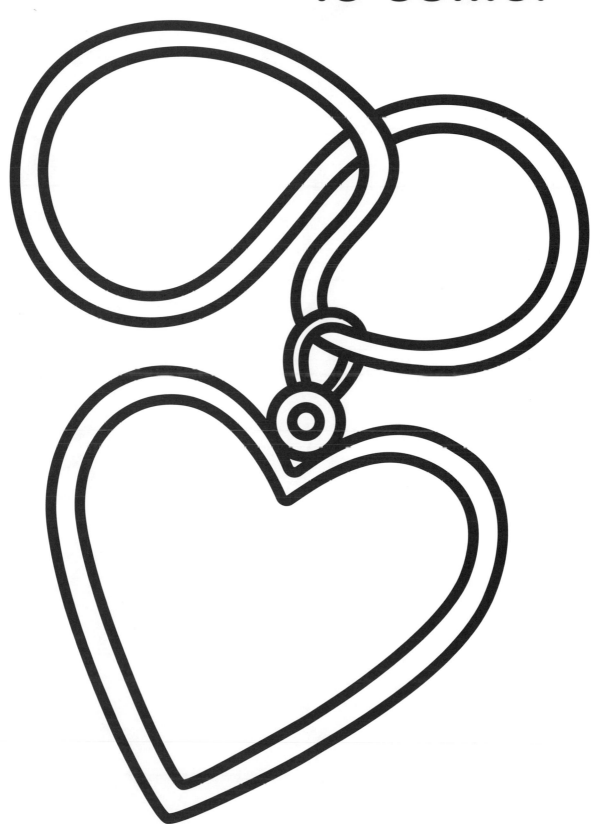

day
le jour

night
la nuit

perfumes
les parfums

clam

la palourde

pumpkin
la citrouille

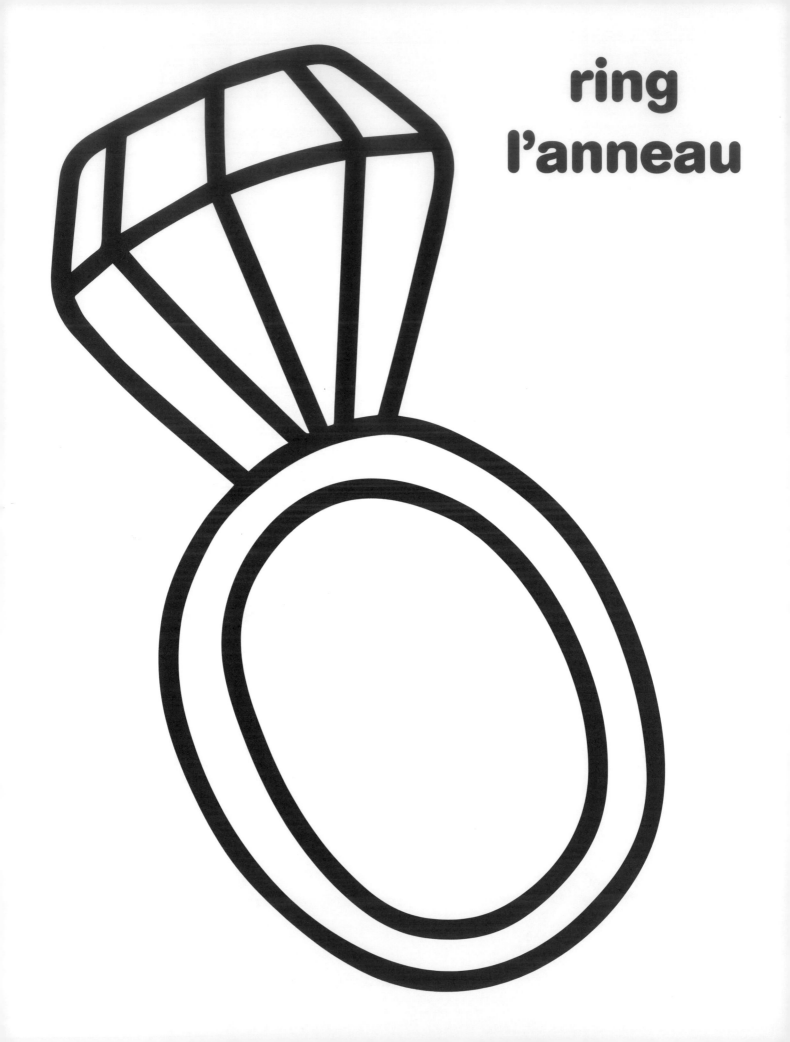

ring

l'anneau

**Earth
la Terre**

tea
le thé

teapot
la théière

alien
l'extraterrestre

globe
le globe

monster
le monstre

monsters
les monstres

moon

la lune

planet
la planète

planets
les planètes

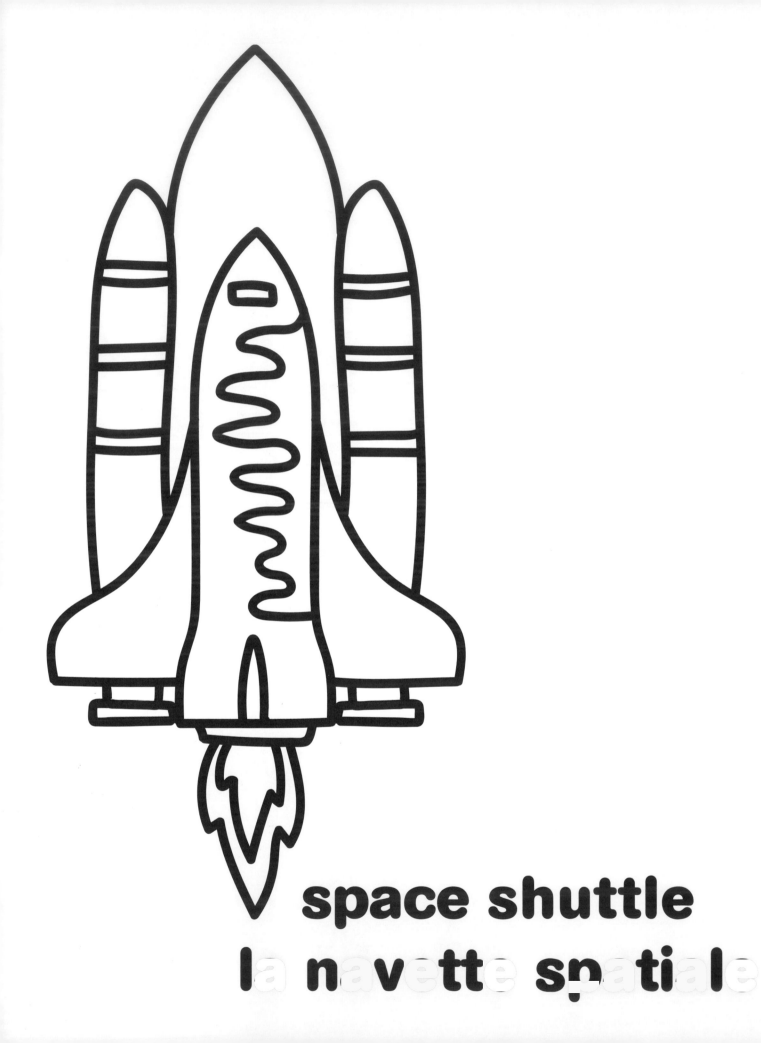

space shuttle

la navette spatiale

rocket ship
la fusée spatiale

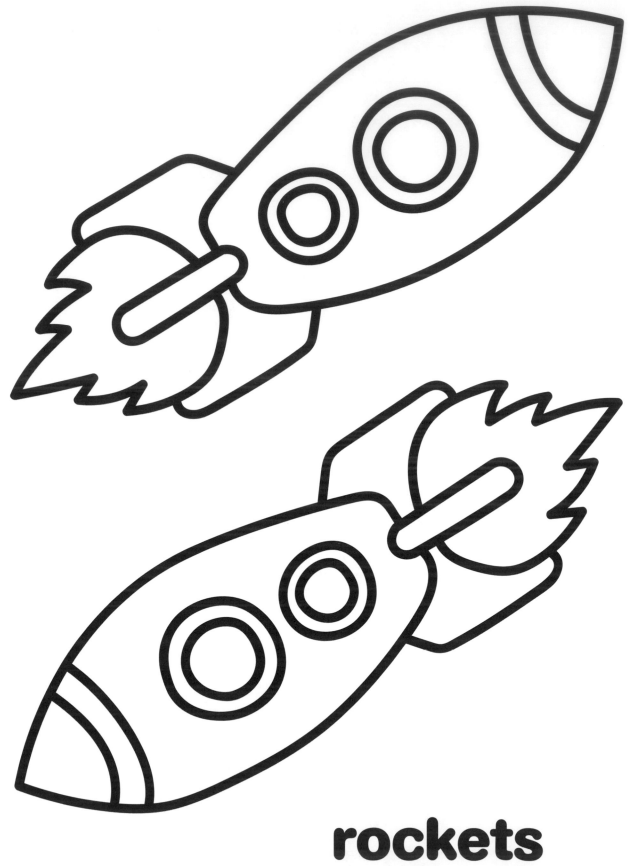

rockets

les fusées

blast off
décoller

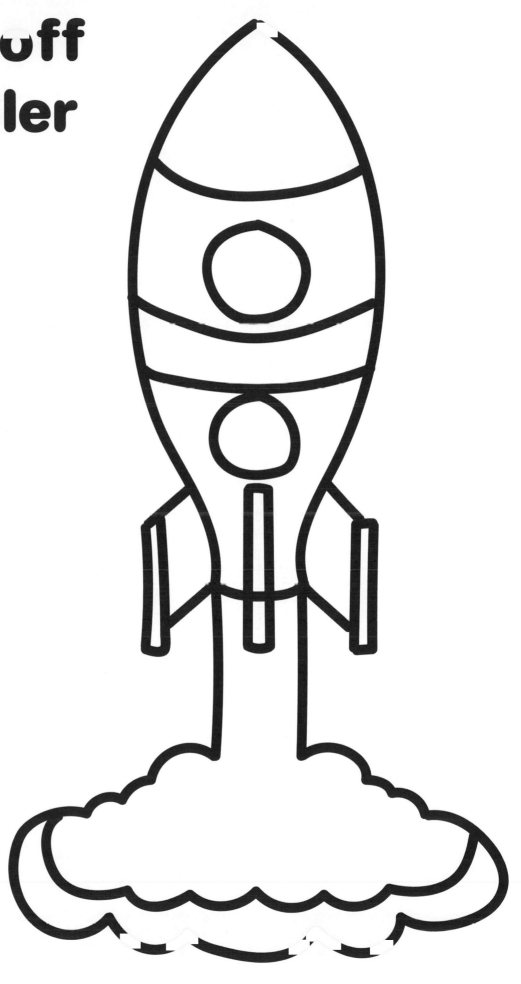

astronaut

une astronaute

astronaut
un astronaute

comet
la comète

rocket
la fusée

teacher
la professeure
le professeur

ambulance
l'ambulance

boot
la botte

bulldozer
le bulldozer

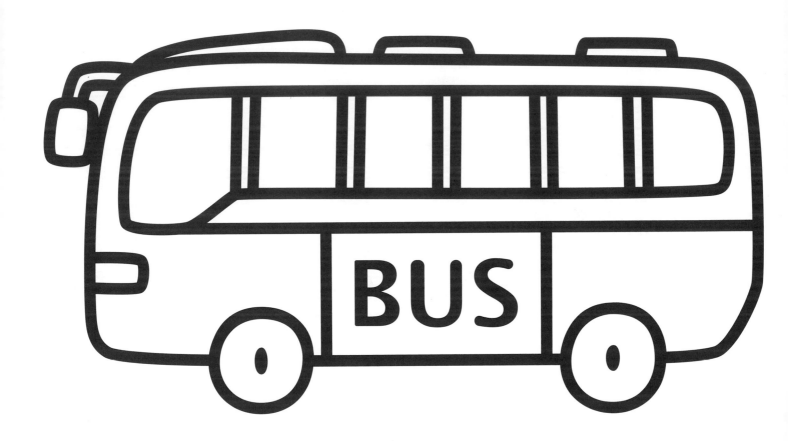

bus
le bus

traffic cone
le cône de signalisation

traffic cones
les cônes de signalisation

mechanic
le mécanicien
la mécanicienne

excavator
la pelleteuse

farmer
le fermier
la fermière

fire extinguisher
l'extincteur

fire hydrant
la bouche d'incendie

firefighter

le pompier

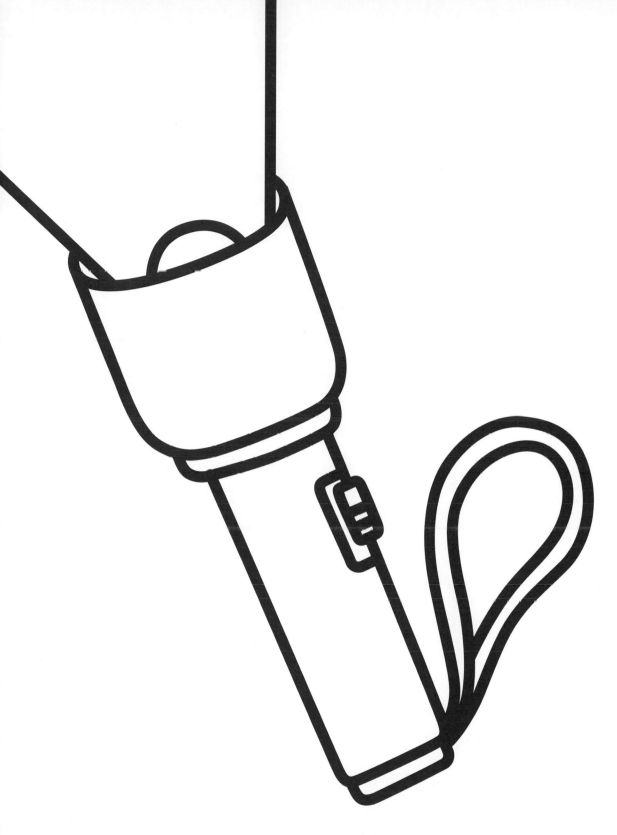

flashlight
la lampe de poche

hot dog truck
le camion à hot dog

**garbage man
un éboueur
une éboueuse**

garbage truck

le camion-poubelle

gas station
la station-service

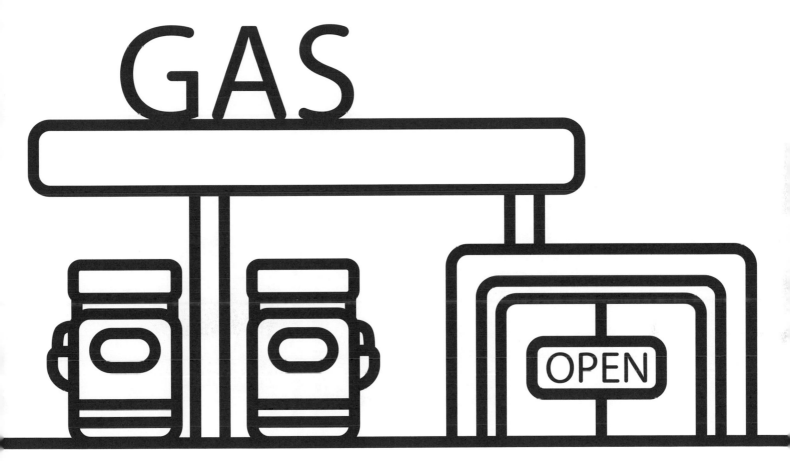

fuel
le carburant

hard hat

le casque

ice-cream truck
le camion à glaces

key
la clé

keys
les clés

mailbox
la boîte aux lettres

mail truck

la camionnette de La Poste

map
la carte

passenger
le passager

passenger

la passagère

**pizza
la pizza**

school bus

l bus scolaire

snowplow
le chasse-neige

stop sign
le panneau stop

crayons
les crayons

taco truck

le camion à tacos

taco
le taco

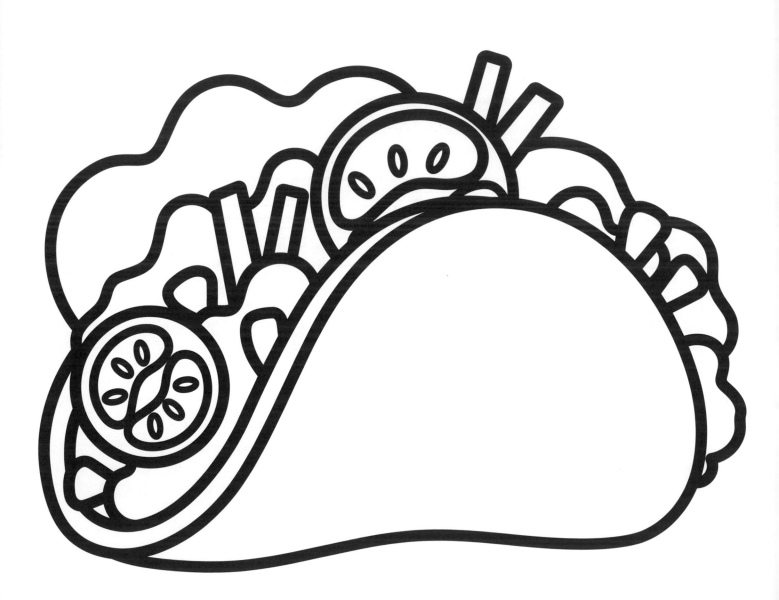

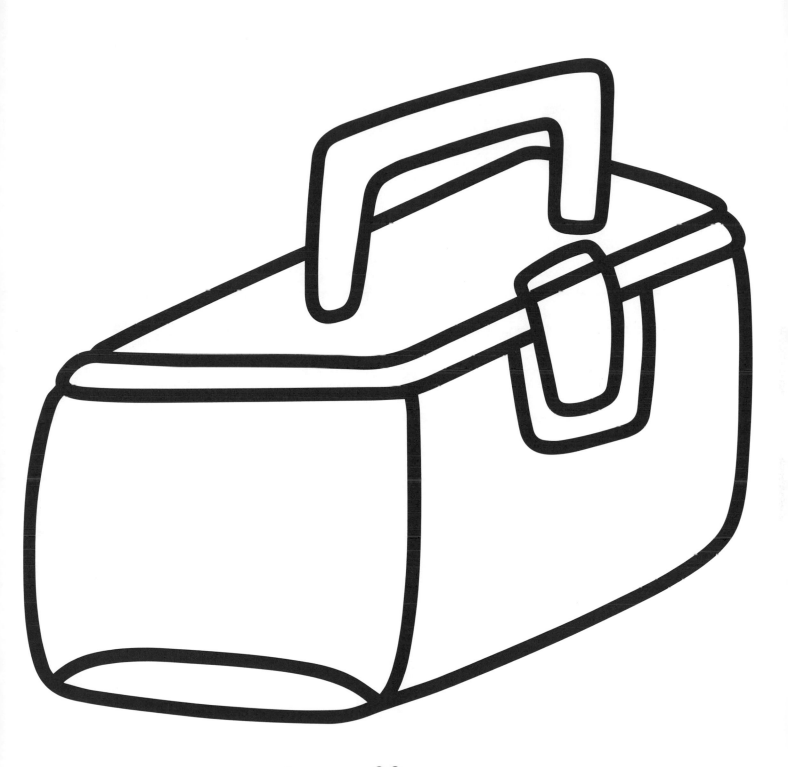

toolbox
la boîte à outils

tractor
le tracteur

traffic light
le feu tricolore

apple
la pomme

truck

le camion

trucks
les camions

vest
le gilet

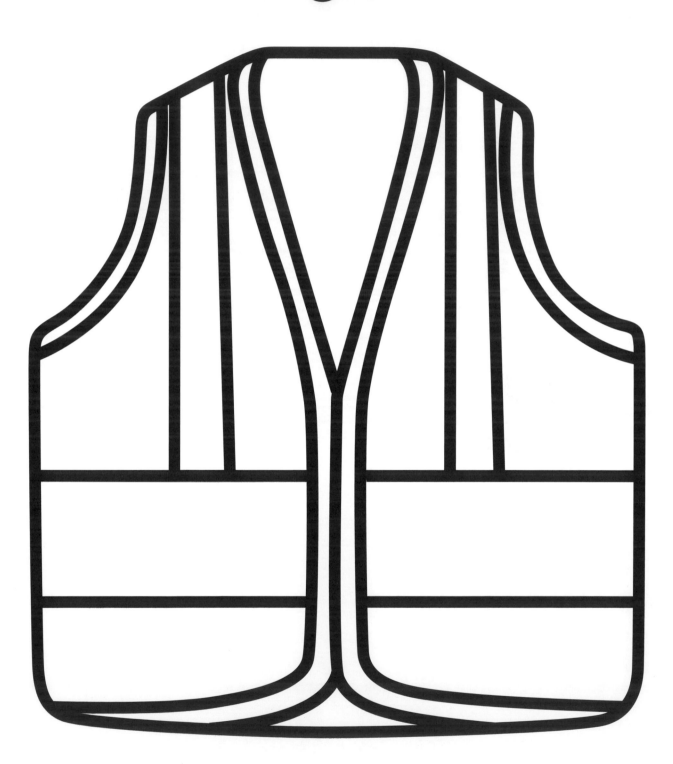

tires
les pneus

wrench
la clé à molette

apple tree
le pommier

balloons
les ballons

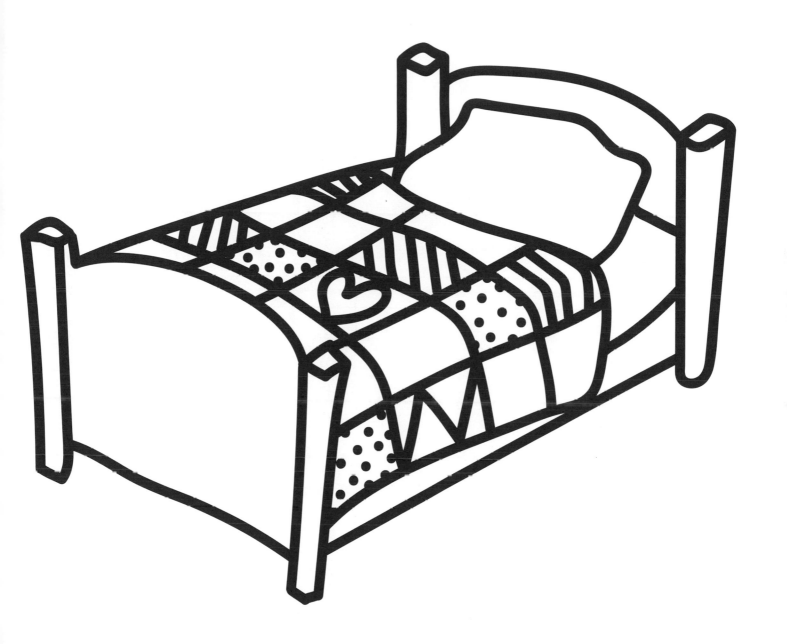

bed
le lit

bow
le nœud

butterfly
le papillon

cake
le gâteau

wizard
le magicien
la magicienne

dancer
la danseuse
le danseur

dessert
le dessert

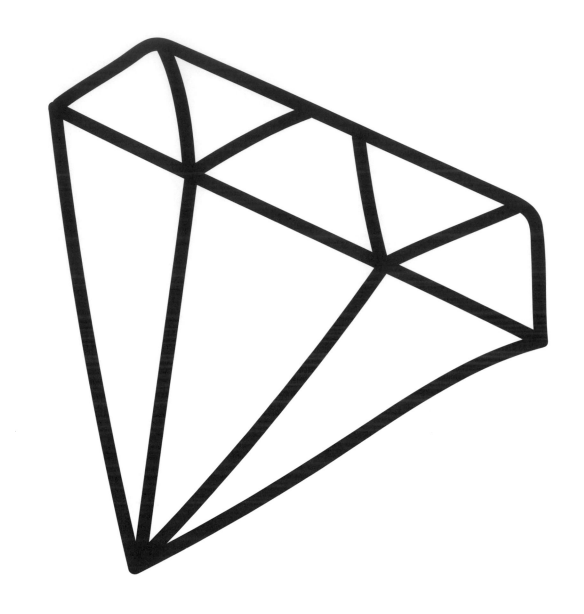

diamond
le diamant

doughnuts
les beignets

fairies
les fées

cupcake
les cupcakes

flower
la fleur

flowers
les fleurs

gnome
le gnome

foal

le poulain

horse
le cheval

hot chocolate

le chocolat chaud

ice cream
la crème glacée

kite
le cerf-volant

lollipop

la sucette

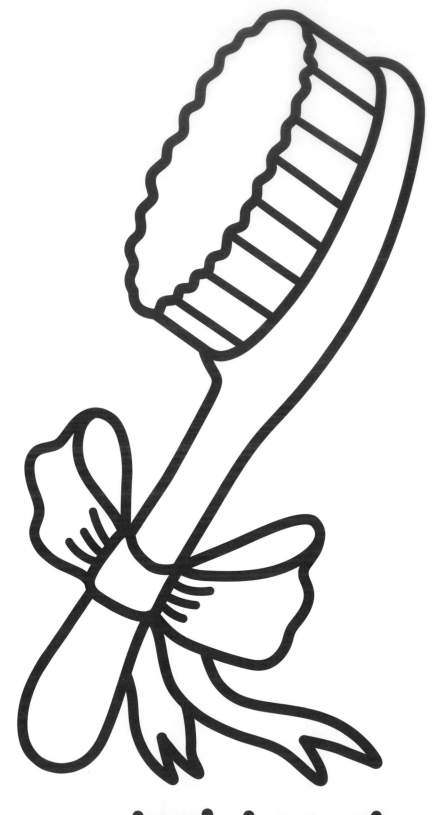

hairbrush
la brosse à cheveux

mushroom
le champignon

music
la musique

pirate
le Pirate
la Pirate

princess
la princesse

prince
le prince

rocking horse
le cheval à bascule

rose
la rose

seashells
les coquillages

heel
le talon

snow globe
la boule à neige

stars
les étoiles

strawberries
les fraises

stuffed animal
la peluche

sun
le soleil

**sunflower
le tournesol**

treasure chest
le coffre au trésor

trophy
le trophée

umbrella
le parapluie

watermelon
la pastèque

folding hand fan
l'éventail

rocking chair
le fauteuil à bascule

merry go round
le manège

sunglasses
les lunettes de soleil

apron
le tablier

leaf
la feuille

leaves
les feuilles

cat
le chat

dog
le chien

mask
le masque

rainbow

l'arc-en-ciel

letter
la lettre

hot-air balloon

la montgolfière

acorns

les glands